BEI GRIN MACHT SICH IHR
WISSEN BEZAHLT

- Wir veröffentlichen Ihre Hausarbeit,
  Bachelor- und Masterarbeit

- Ihr eigenes eBook und Buch -
  weltweit in allen wichtigen Shops

- Verdienen Sie an jedem Verkauf

Jetzt bei www.GRIN.com hochladen
und kostenlos publizieren

Sebastian Förster

Motivation und Motivationstheorie

GRIN Verlag

Bibliografische Information der Deutschen Nationalbibliothek:

Die Deutsche Bibliothek verzeichnet diese Publikation in der Deutschen National-
bibliografie; detaillierte bibliografische Daten sind im Internet über http://dnb.d-
nb.de/ abrufbar.

Impressum:

Copyright © 2007 GRIN Verlag, Open Publishing GmbH
Druck und Bindung: Books on Demand GmbH, Norderstedt Germany
ISBN: 978-3-640-82240-9

Dieses Buch bei GRIN:

http://www.grin.com/de/e-book/166247/motivation-und-motivationstheorie

GRIN - Your knowledge has value

Der GRIN Verlag publiziert seit 1998 wissenschaftliche Arbeiten von Studenten, Hochschullehrern und anderen Akademikern als eBook und gedrucktes Buch. Die Verlagswebsite www.grin.com ist die ideale Plattform zur Veröffentlichung von Hausarbeiten, Abschlussarbeiten, wissenschaftlichen Aufsätzen, Dissertationen und Fachbüchern.

Besuchen Sie uns im Internet:

http://www.grin.com/

http://www.facebook.com/grincom

http://www.twitter.com/grin_com

Hochschule Fulda

Fachbereich Soziale Arbeit

Soziales Management, Soziale Arbeit und Wirtschaft, Qualitätssicherung

- Motivation und Motivationstheorie-

Verschriftlichung des Referats zur Veranstaltung im SS 2007

vorgelegt von

Sebastian Förster

Fulda, den 20.07.2007

Inhaltsverzeichnis

Motivation und Motivationstheorie

1. Begriffsklärung

1.1) Definition: Was ist Motivation?

Motivation ist allgemein nicht als fest stehendes Objekt zu sehen, sondern als ein Vorgang oder Prozess. Der Ursprung des Begriffs Prozess verweist auf das lateinische procedere, also voranschreiten. Das Wort Motivation stammt aus dem Lateinischen, von movere und motus ab. Motus ist gleich zu setzen mit Bewegung. So ist auch der **Motivationsbegriff** zu verstehen. (Loffing; Hofmann; Splietker, 2006: S. 17)

Als Synonym für Motivation wird auch „Verhaltensbereitschaft" verwandt. Im deutschen Sprachgebrauch gilt laut Duden die Bedeutung des Begriffs als Summe der Beweggründe, die die Entscheidungen und Handlungen beeinflussen. (Wissenschaftlicher Rat der Dudenredaktion, 1997: S. 534)

In der Ethologie und in der Humanwissenschaft wird der Begriff auch ein Zustand des Organismus genannt, der die Ausrichtung und die Energetisierung des aktuellen Verhaltens beeinflusst. Vor allem geht es hierbei um die Ausrichtung des Verhaltens für verfolgte Ziele. Energetisierung meint die psychischen Faktoren, die den Antrieb für ein bestimmtes Verhalten liefern. (www.wikipedia.de, 2007)

In der Psychologie gilt Philip Zimbardo, Professor für Psychologie an der Stanford University, als einer der führenden Theoretiker der Motivationsforschung. Er definiert den Begriff kurz als das generelle Ingangsetzen, Steuern und Aufrechterhalten von körperlichen und psychischen Aktivitäten. Dies schließt auch Mechanismen ein, die die Auswahl und Favorisierung bestimmter Handlungen als auch die Stärke und Beharrlichkeit von Reaktionen leiten. (Zimbardo, 2004: S. 503)

Auf seine Ausführungen der verschiedenen Motivationstheorien der Psychologie werde ich im Text einen Schwerpunkt legen.

Motivation kann auch als ein Motor für das Handeln bezeichnet werden. Die Energie dieses Motors hat aber keine Konstante. Der Motivationsbegriff ist eine Größe, die variieren kann. Ein Student A kann hoch motiviert sein, eine Verschriftlichung eines Referats vorzunehmen, weil er sich davon viele erstrebenswerte Vorteile verspricht. Student B dagegen, empfindet es aber als reine Lästigkeit und arbeitet nur alleine deswegen daran, weil er sonst seinen Prüfungsnachweis nicht bekommt. Das Energetische beim Handeln, also dem Verfassen der Hausarbeit, unterscheidet sich bei Student A stark von dem von Student B. Unterschiedlichste Formen des Selbsterlebens können mit Motivation verbunden sein. Von dem fesselnden Verlangen mehr zu lernen im Vergleich zu dem mit Frustration beladenen Zwang dies tun zu müssen.

Motivation ist daher eher als eine Abstraktion zu begreifen, anstatt als ein feststehender Faktor. Falko Rheinberg, Vertreter der Motivationspsychologie und Professor an der Universität Potsdam, argumentiert, das Motivation deswegen keine klar umrissene und natürliche Erlebens- und Verhaltenseinheit ist. Vielmehr definiert er den Begriff als eine auf eine bestimmten positiv bewerteten Zielzustand ausgerichtete Aktivität. Bei der Ausrichtung sind verschiedenste Abläufe im Handeln und Erleben beteiligt, so der Professor. (Rheinberg, 1995: S.12 ff.)

1.2) Definition: Anreiz, Instinkt, Kognition und Trieb

Zimbardo unterscheidet zwischen verschiedenen wichtigen motivationalen handlungsverursachenden Faktoren. Dem Trieb, dem Anreiz und Instinkt. Um die Theorien, die mit diesen Begriffen verzahnt sind, gegenüberstellen zu können, möchte ich nachfolgende Definitionen ausführen.

- Der Ausdruck Anreiz hingegen soll auf primär psychologisch und sozial bedingte Handlungsverursachung hinweisen. Der Begriff kann gleich gesetzt werden mit Belohnung. Im Gegensatz zum Trieb ist dieser ein von außen kommendes, also externales Element.
- Der Ausdruck Instinkt meint angeborene Verhaltenstendenzen oder Naturtriebe, die für eine Lebensform das Weiterbestehen und Überleben gewährleisten soll.

(Zimbardo, S. 505 f.)

- Der Ausdruck Kognition beschreibt die Prozesse des Wissens und des Denkens, so Aufmerksamkeit, Erinnerung und das Ziehen von Schlußfolgerungen. (S. 344)
- Der Ausdruck Trieb (englisch: drive) wird in der Psychologie gewöhnlich gebraucht, um eine Handlungsmotivation auszudrücken. Die wie etwa der Zustand des Hungers, primär biologische Voraussetzungen hat und internalen Ursprungs ist.

2.) Welche Theorien zum Begriff werden unterschieden?

2.1) Motivation durch Instinkte

All unsere Motivation zu jeder möglichen Handlung geht von Instinkten und Trieben aus. Welche angeboren und nicht beeinflussbar sind. Diese werden über Gene von Generation zu Generation weiter vererbt und sichern, wie oben ausgeführt, das Überleben. So bauen Vögel immer auf ähnliche Weise ihre Nester, und Spinnen ihre Nester. Menschliches Verhalten wird zu einem großen Teil von Instinkten gesteuert sein. Dies behaupten die Theoretiker der Lehre des Instinktverhalten und Lernens.

Prominente Vertreter und Vertreterinnen dieser Richtung sind unter anderem William Jones Ende des 19. und Sigmund Freund Anfangs des 20. Jahrhunderts gewesen.
Jones ging davon aus, dass die Menschen sich bei ihren Aktivitäten sogar noch mehr nach ihren Instinkten richten würden als andere Lebewesen. Das Handeln habe bei jeder Spezies den Sinn der Anpassung an die jeweilige Umwelt. Zu den Instinkte der Menschen seien gegenüber denen der Tiere Unterschiede zu verzeichnen. Er benannte Sympathie, Liebe und gesellschaftliche Etikette als menschliche soziale Instinkte.
Sigmund Freud unterschied zwischen zwei Arten von Instinkten. Zum einen dem Lebenstrieb (Eros), der unter anderem für Sexualität und Selbsterhaltung steht. Und zum anderen dann dem Todestrieb (Thanatos), der die Aggression beispielsweise beinhaltet.
Das Erfüllen beider Triebe befriedigt die Menschen. Kann dem Drang nach Erfüllung eines Triebes nicht nachgegangen werden, staut sich Energie an und es kommt zu einer Spannung. Um diese Abreagieren zu können, sucht sich der Mensch Betätigungsfelder. Das Agieren der Triebe ist unterbewusst und nicht wahrnehmbar, so Freud. Jedoch die Auswirkungen des Triebhaften sind in der Gefühlswelt, im Denken und Verhalten vorhanden. Als Instinkte sind die Triebe dann die motivierenden Faktoren. (S. 508)

2.2) Die Trieb-Theorie

Dass Motivation auch durch einen Treib hervorgerufen werden kann, so etwa dem körperliche Bedürfnis nach Sexualität, versuchen auch andere Theorien zu beweisen. Ein bekannter Vertreter der Triebtheorie ist Clark L. Hull. Sein Ansatz besagt, dass ein großer Teil unseres Denkens und Handelns durch Triebe verursacht wird. Hulls Studien übten einen entscheidenden Einfluss auf die Motivationstheorie aus. Wie Freud war auch er Anfang des 20. Jahrhunderts in der Forschung aktiv.
Clark Hull stellte folgende Punkte auf.

- Ein biologisches Bedürfnis, zum Beispiel ein Mangel, löst einen starken Trieb (drive) aus.
- Dieser unspezifische Triebzustand liefert Energie für zufällig ablaufende Aktivitäten.
- Führt eine dieser Aktivitäten zu einem Ziel, das spannungsreduzierend wirkt, so hört der Organismus auf, aktiv zu sein.
- Die Verstärkung festigt die Verbindung zwischen dem Zielreiz und der erfolgreichen Reaktion, eine Homöostaste entsteht, also ein Gleichgewicht des innerlichen physiologischen Zustandes. (S. 505)

2.3) Die Reversal-Theorie

Die Reversal-Theorie verneint die Theorie der Spannungsreduzierung. Sie beschäftigt sich mit den Widersprüchen der Motivation. Michael Apter und andere Vertreter dieser Richtung sagen, dass es immer zwei gegensätzliche Pole von motivationalen Zuständen gibt, die sich gegenseitig entgegen stehen. So beispielsweise zielorientierte und ernste Motive gegenüber verspielten und auf freie Tätigkeit orientierten. Eine Hausarbeit zu schrieben und ernsthaft zu recherchieren um diese qualitativ gut zu machen ist eine Sache. Nebenbei im Internet nach interessanten Nachrichten oder Musik zu schauen um sich abzulenken, eine andere. Die Umkehrung oder Reversion einer Motivation in eine andere sich in Opposition zu ihr befindende wird durch die Reversal-Theorie erklärt. Befindet sich Student A in einer ernsten, konzentrierten Verfassung, hat er daraufhin nach einer bestimmten Zeit auch wieder das Verlangen in eine spielerischen, freien Zustand zu kommen. Die Theorie besagt auch, dass sich entgegenstehende motivationale Zustände ausschließen, also nicht gleichzeitig nebeneinander bestehen können.

Vier Paare motivationaler Zustände stehen sich gegenüber. (S. 506 f.)

Telisch ernst, zielorientiert, auf Fortschritt und Leistung orientiert	**Paratelisch** verspielt, tätigkeitsorientiert, auf Spaß und Freude orientiert
Konformistisch fügsam, will Regeln einhalten, auf Konventionen und Anpassung orientiert	**Negativistisch** rebellierend, unkonventionell, auf Regel brechen und Unabhängigkeit orientiert
Beherrschung hart, Bedürfnis nach Kontrolle, auf Dominanz und Macht orientiert	**Sympathie** fürsorglich, sensibel, auf Zuwendung und Freundlichkeit von anderen orientiert
Autozentrisch selbstkonzentriert, in erster Linie auf sich selbst und die eigenen Gefühle orientiert	**Allozentristisch** identifiziert sich mit anderen, in erster Linie auf andere und deren Gefühle orientiert

2.4) Die Kognitive Theorie

Die kognitiven Ansätze in der Motivationsforschung betrachten in erster Linie höhere geistige Prozesse als verantwortlich für das Handeln der Person. Weniger hingegen Erregung und Energieversorgung durch Triebe, andere biologische Mechanismen oder Reizeigenschaften.

Die Theorien, die kognitive Vorgänge anstatt Trieb- oder Instinktprozesse als den entscheidenden Moment erklären, sagen, dass Menschen häufig durch ihre Erwartungen auf künftige Situationen oder Ereignisse motiviert werden. Die Motivation zum Denken oder zur Handlung kommt nicht unbedingt aus der externalen Welt der objektiven Realität. Sondern aus der jeweiligen persönlichen subjektiven Interpretation jener.

Zu nennen sind die Forschungen von Julian Rotter, der Mitte des 20. Jahrhunderts die Soziale Lerntheorie entwickelt hat. Diese Theorie geht von der Beobachtung von Verhalten und deren Nachahmung aus als entscheidenen Faktor im motivationalen Prozess. Die Motivation kann bei Abweichung und Misserfolg des eigenen Handelns durch eine neue aufkommende Motivation auch korrigiert werden. (S. 509 f.)

Beispiel: Student A hat gelernt, dass er die Hausarbeit pünktlich abgeben muss. Er hat die Erwartung eine gute Note zu bekommen und zu bestehen. Dies ist die persönliche positive Bewertung, welche ihn motiviert die Arbeit zu schreiben. Er passt sich den Gegebenheiten an. Wenn beispielsweise der gewählte Umfang der Prüfungsleistung nicht lang genug sein sollte, wie ihm eine Kommilitonin kurz vor Abgabe sagt, korrigiert er seinen Fehler und versucht den Text in einem größeren Umfang auszuarbeiten.

Fritz Heider klärte einige Jahre nach Rotter dann den Zusammenhang zwischen den internalen und externalen Motivationsfaktoren. Das Verhalten, welches durch dispositionale Einflüsse beeinflusst werden kann (also die bei der Person selber liegen), aber auch durch situationale Einflüsse (die von außen kommen), wird etwas Bestimmten zugeschrieben. Dieser interpretierende Vorgang kann dann einen neuen Motivationsprozess bewirken. (S. 510)

Beispiel: Student A merkt bei der Notenvergabe, er hat sich nicht genug angestrengt und ärgert sich. Als Schlussfolgerung könnte er nun weniger oder mehr motiviert sein bei der nächsten Prüfungsleistung. Er könnte aber die Schuld auch dem Lehrbeauftragten zuschreiben, der unfair bewertet hat. Resignieren, und keinerlei Motivation mehr haben, auch nur irgend etwas mehr machen wollen für die Prüfungen in diesem Bereich.
Es liegt vor allem bei dem Student A und seiner Interpretation.

3.) Vergleich der motivationstheoretischen Ansätze

Die vier ausgeführten Ansätze stammen aus unterschiedlichen Zeitperioden und sind teilweise umstritten. Die motivationalen Konzepte, die unser Verhalten, psychischen und emotionalen Vorgänge versuchen zu ergründen, unterscheiden sich in der Zuschreibung der Ursache der Motivation. Die ausgeführten Theorien versuchen diese auf von außen kommende Einflüsse, die externalen, oder aus von innen kommenden Einflüssen, die internalen, zu beziehen. Die externalen Kräfte werden häufig als durch die Umwelt bedingte Faktoren beschrieben, die internalen als aus dem Organismus entstammende.

Die Instinktive Theorie wurde früh von empirischen Studien widerlegt, die zeigen, dass bestimmte Verhaltensstrukturen keine angeborenen sind, sondern erlernte. Zwar, so argumentiert Zimbardo, seien einige Motivationsstrukturen instinktiv gegeben beziehungsweise aus einer Kombination aus Instinkt und Kognition entstanden. Im Großen und Ganzen aber eine Erklärung für das menschliche Verhalten nur auf die Instinkte zurückzuführen, sei falsch. (S. 508 f.)

Ein Beleg dafür ist der Versuch des berühmten Pavlovschen Hundes, der in Versuchen mit Konditionierung sein Verhalten in allen Test-Situationen stets an die Umwelt anpasste, also durch das reine Lernen seine Aktivitäten veränderte.

Die Trieb-Theorie hält die Spannungsreduktion des Organismus für den entscheidenden Faktor. Widersprechen tut dem allerdings, dass auch externale Reize, beispielsweise Belohnungen oder Anreize, Motivation hervorrufen können, die rein auf psychischer Ebene und nicht nur auf physiologischer existieren. Eine gute Note bei der Hausarbeit von Student A wäre als ein solcher motivierender Faktor zu nennen.

Verhaltensweisen sind sowohl internal als auch externalen Ursprungs.

Die Reversal-Theorie meint, dass durch sich in Opposition und Gegensatz befindende motivationale Zustände sich Motivation ergibt. Diese wird nicht ausschließlich internalen oder externalen Kräften zugeschrieben.

Die Theorie bietet einen interessanten Ansatz zur Erklärung von motivationalen Vorgängen.

Die Kognitive Theorie beantwortet die Frage nach internalen oder externalen Einflüssen anders. Positionale und dispositionale Attributionen beeinflussen Motivation und Verhalten.

Hierbei sind die Erwartungen der Menschen entscheidend. Die Frage Internal oder External hängt mit der Interpretation des Subjekts zusammen.

Mit diesem Denkansatz wurde der Horizont der Motivationsforschung maßgeblich erweitert.

4.) Hierachie der Bedürfnisse nach Maslow

Die Maslowsche Bedürfnispyramide ist ein allgemeiner Ansatz um Motivation zu beschreiben. Nach der Gegenüberstellung und Auswertung der verschiedenen Theorien ist es angebracht, mit Abraham Maslows Forschungsergebnissen das Geschriebene abzurunden. Seine Forschungen über die menschlichen Bedürfnisse beschreiben die Hierarchie jener Faktoren und Kräfte, die unser Leben beeinflussen. Der Psychologe Maslow, der vor allem in der zweiten Hälfte des 20. Jahrhunderts wirkte, stellte die Bedürfnisse, die uns leiten in einer Rangordnung auf, die unten abgebildet ist. Diese geht von der Situation eines erwachsenen Menschen aus. (S. 539 f.)

In der untersten Zeile der Tabelle stehen die Grundbedürfnisse, die als biologische Faktoren zu bezeichnen sind. So die Nahrungsaufnahme zum Beispiel. Wenn diese Bedürfnisse befriedigt sind (der Hunger also gestillt ist) kann sich der Mensch um die Sicherheitsbedürfnisse kümmern, die ihn motivieren. Sind die Sorgen und Ängste überwunden, kann er sich um die Bedürfnisse nach Bindung und Beziehung kümmern. Das Bedürfnis nach Zusammengehörigkeit und Liebe steht an nächster Position. Darauf aufbauend ist der nächst höhere Rang aufgelistet, das Bedürfnis nach Wertschätzung. Sich selbst als kompetent und wirkend mit in einem positiven Licht zu sehen, ist notwendig um die kognitiven Bedürfnisse (nachfolgende Stufe) adäquat stillen zu können. Die Neugier und den Wissensdurst, das Verlangen nach Verstehen. Die ästhetischen Bedürfnisse stehen an der nächsten Stelle, der Mensch möchte Ordnung und Schönheit Erleben. Auf der folgenden Ebene erklärt Maslow die Selbstverwirklichung. Die Möglichkeit, das eigene Potential auszuschöpfen.

Sind die biologischen Grundbedürfnisse gesättigt, fühlt sich der Mensch sicher und in einer Bindung gut aufgehoben, erfährt er Wertschätzung, hat seinen Wissensdurst befriedigt wie seine ästhetischen Bedürfnisse, ist der Selbstverwirklichung näher gekommen, ist die Person an dem höchsten Punkt angelangt, der Transzendenz. Er versucht mit dem Kosmos im Anklang zu sein und widmet sich der Spiritualität.

Transzendenz Spirituelles Bedürfnis, sich mir dem Kosmos in Einklang bringen

Selbstverwirklichung Bedürfnis das eigene Potential auszuschöpfen, bedeutende Ziele zu haben

Ästhetische Bedürfnisse Bedürfnisse nach Ordnung und Schönheit

Kognitive Bedürfnisse Bedürfnisse nach Wissen, Verstehen, nach neuem

Selbstwert Bedürfnis nach Vertrauen und dem Gefühl, etwas wert und kompetent zu sein

Bindung Bedürfnis nach Zugehörigkeit, Verbindung mit anderen, zu lieben und geliebt zu werden

Sicherheit Bedürfnis nach Sicherheit, Behaglichkeit , Ruhe, Freiheit von Angst

Biologische Bedürfnisse Bedürfnisse nach Nahrung, Wasser, Sauerstoff, Ruhe, Sexualität, Entspannung

Maslows Bedürfnishierarchie ist allerdings sehr humanistisch geprägt. Und was beispielsweise die menschliche Bedürfnisse nach Aggression oder Dominanz angeht, wohl nicht umfassend erklärend. Eine solch positivistische Auffassung ist nicht immer haltbar. Auch hat die Theorie Lücken was die strikte Reihenfolge der Hierarchie betrifft. So kann das Bedürfnis nach Erfüllung von Selbstverwirklichung und Spiritualität menschliche Motivation auch beherrschen, ohne dass diese der Hunger gestillt werden muss. So wie es am Beispiel eines Künstlers in einer intensiven Schaffensphase oder eines Mönchs in einer intensive Meditationsphase zu erkennen ist.

Trotzdem ist Maslows Pyramide sehr interessant, da es dem Menschen eine gewisse Ordnung geben kann, seine verschiedenen Bedürfnisse und die damit verbundenen Motivationsbereiche zu erkennen und zu kategorisieren.

Sie ist meiner Meinung nach wichtig und aufschlussreich für das Thema der Motivation und Motivationstheorien, auch wenn sie etwas allgemeiner gehalten und lückenhaft ist. Die Bedürfnispyramide hilft aber bei dem Prozess, eine umfassendere Sicht auf die Motivation des Menschen zu erlangen.

Literaturangabe

Loffing, Christian; Hofmann, Cindy; Marcus Splietker: Mitarbeitermotivation leicht gemacht – Tipps für die Motivationsarbeit, Stuttgart. Verlag W. Kohlhammer 2006

Online im Internet: URL: http://de.wikipedia.org/wiki/Motivation (Stand 20.07.2007)

Rheinberg, Falko: Motivation, Stuttgart/Köln/Berlin. Verlag W. Kohlhammer 1995

Wissenschaftlicher Rat der Dudenredaktion: Duden – Fremdwörterbuch, Mannheim. Bibliographisches Institut& F.A. Brockhaus 1997

Zimbardo, Philip G.: Psychologie, München. Pearson Education Deutschland 2004